W0188766

DON BOSCO
VERLAG

Elli Michler

Dein ist der Tag

Ermutigung zum Leben

Don Bosco Verlag

Die Deutsche Bibliothek – CIP-Einheitsaufnahme

Michler, Elli:
Dein ist der Tag : Ermutigung zum Leben / Elli Michler. –
2. Aufl. – München : Don-Bosco-Verl., 1995
   ISBN 3-7698-0705-7

2. Auflage 1995 / ISBN 3-7698-0705-7
© by Don Bosco Verlag, München
Fotos: Barbara Michler, Heilbronn
Lithos: Franken-Repro, Nürnberg
Satz: Salesianer Druck, Ensdorf
Druck und Bindearbeiten:
Druckerei Gebr. Bremberger, München

Der Umwelt zuliebe gedruckt auf chlorfrei gebleichtem Papier.

Inhaltsverzeichnis

Einführung

Nicht immer, wenn sich die Menschen bei ihren Begegnungen einen guten Tag wünschen, sind sie sich der tieferen Bedeutung dieses Grußes bewußt. Unsere Zeit ist gekennzeichnet von Eile und Angst. Wir fühlen uns vom Tag gehetzt. Viel zu schnell geht er vorbei. Der Tag überfordert uns, er läuft uns davon bei unserem ständigen Blick auf die Uhr, auf den Kalender voller Termine. Der Tag macht uns ratlos, nimmt uns oft jeden Mut.

Wenn auch unsere Sehnsucht auf das Bleibende, das Ewige, ausgerichtet ist, so ist unser Schicksal während unseres ganzen Erdenlebens doch das Zeitliche, das Vergehende, der Tag.

Der Tag ist unsere Aufgabe, unsere Möglichkeit. Er ist das eigentliche Feld des menschlichen Wirkens in seiner Zeit und in seinen Grenzen. Der Titel dieses Büchleins „Dein ist der Tag" will als ermutigender Zuruf, als Herausforderung verstanden werden, etwas aus diesem Tag zu machen, ihn zu gestalten, zu nützen im Sinne des lateinischen Wahlspruchs „carpe diem" (pflücke den Tag, wörtlich übersetzt).

Die Texte dieser Gedichtsammlung sind am Lebenstag des Menschen orientiert. Sie begleiten uns dem Jahreslauf gemäß durch die Tage des Hoffens und der Erwartung, der Freude und des Lichts, aber auch der Stille, der Trauer, des Abschieds und der Einsamkeit. Sie lassen uns erkennen, was der Tag von uns verlangt: Bereitschaft, Einsatz, Hingebung. Aber wir dürfen auch wahrnehmen, was er uns dafür schenkt: die Möglichkeit der Entfaltung unseres Seins, das Erlebnis des Erfolgs, Erfüllung, Zufriedenheit, Glück.

„Dein ist der Tag" will uns sagen: Durch zuviel Zweifel, durch Feigheit, durch Tatenlosigkeit berauben wir uns selbst unserer Möglichkeiten. Wir können den Tag nutzen durch mehr Zuversicht, mehr Gelassenheit, mehr Vertrauen. Wir müssen dem Tag ein Gesicht geben, damit er nicht in der verlorenen Menge der nicht oder schlecht genutzten Tage untergeht.

Wir müssen wieder lernen, daß der Tag ein Gefäß ist, das wir füllen dürfen, wenn wir ihn im Einklang mit dem Rhythmus der Natur erleben.

Ob Ruhe- oder Arbeitstag, Frühlings- oder Herbsttag, jeder Tag ist ein Tag unseres Lebens und als solcher ein kostbarer Tag. Ihn zu bewältigen, mit Sinn zu füllen und sich dadurch selbst erfüllen zu lassen, gilt es immer wieder neu. Demjenigen von uns wird der Tag zum Geschenk, der zu sich selbst zu sagen wagt: „Dein ist der Tag" und sich dadurch mit Mut und Hoffnung zum Leben bekennt.

E. M.

Dein ist der Tag

Fürchtet euch nicht, hat der Engel gesprochen,
als er die Liebe umgab mit dem Licht.
Nun glaubst du, er habe sein Wort gebrochen,
nur weil es dir fehlt an der Zuversicht.

Weil du an allen Ecken und Enden
Unfrieden siehst und Gewalt,
verliert, um die Sache zum Guten zu wenden,
zum Schluß noch die Liebe in dir an Gestalt.

Dies wäre das Schlimmste, was kommen könnte,
noch schlimmer als alles zuvor,
als Einsamkeit, Schrecken, als Terror und Brände,
verschlösse dein Herz vor der Liebe das Tor.

Wenn es auch schlecht steht um alles Gerechte,
wenn auch die Angst auf dich zukommen mag,
mach dich aus Furcht nicht zum zitternden Knechte:
Dein ist die Stunde, dein ist der Tag!

Geliebtes Leben

In deine vorgegebnen Lebensdaten eingeschlossen,
von andren Daseinsformen nur zum Schein getrennt,
bleibst unaufhörlich du vom Lebensstrom umflossen,
der weder Halt noch Stillstand kennt.

Ein Jammer, wenn du es nicht weißt,
was Leben heißt, das volle, tiefe, wahre,
das in dir wohnt und um dich kreist,
das köstlich wunderbare.

Ob dir dein Leben gilt als Rausch, als Spiel,
das zu verlieren, zu gewinnen,
du kannst es weihen einem großen Ziel,
du darfst es täglich neu beginnen.

Dein Leben ist, was du draus machst:
ein weites Feld, um dich ans Werk zu wagen,
ein Traum, aus dem du jäh erwachst,
ein goldnes Buch, nur aufzuschlagen,

ein Quell der Freude, licht und schön,
ein voller Krug, sich satt zu trinken,
ein Lachen und Im-Tanz-sich-Drehn,
solang die Lebensfeuer blinken,

ein Rennen nach dem großen Los,
ein Kampf um Kopf und Kragen –
ein Elend, unbeschreiblich groß,
bisweilen kaum noch zu ertragen.

Die schwere Kunst, von der wir umgetrieben
an jedem Tag, in mancher Nacht,
sie heißt doch nur: das Leben lieben,
bis wir es schließlich einst vollbracht.

Täglich v   des Unglücks betroffen,
tauchen w   Leiden der Zeit.
Dennoch v   ir täglich zu hoffen,
denn Hoffn   erste Notwendigkeit.

Wir hoffen au   n neuen Beginn,
auf Glück, auf   den großen Gewinn.
Wir hoffen auf   Liebe, die Zeit,
wir hoffen auf vi   chtigkeit.

Wir hoffen im Frü   nen und Blühn,
wir hoffen, es wird   ns verziehn.
Wir hoffen auf Fried   em Streiten,
wir hoffen noch imm   Zeiten.

Wir hoffen auf Ausweg   ot,
auf Rettung, auf Heilun   , auf Brot.
Wir hoffen auf Linderun   verden.
Wir hoffen, solange wir le

Dem Stern unsrer Hoffnung   hworen,
sind wir durch ihn doch nicht   oren,
wenn Hoffnung uns stützt, uns   erheben.
Wir brauchen die Hoffnung zu

11

Glückhafter Tag

Immer wenn ein Tag beginnt,
aufbricht aus den Dämmerungen,
dein ist, eh' er dir zerrinnt,
und du hast dich aufgeschwungen,

dieses Tags dich zu erfreun,
du kannst hören und kannst sehen
und du kannst auf deinem Bein
ohne Hilfe gradestehen,

du kannst trinken und kannst essen,
kannst dein Gläschen noch vertragen,
scheint es mir doch recht vermessen,
für den Tag nicht Dank zu sagen.

Wenn dann noch die Schuhe passen
ohne Schmerz am linken Fuß,
ist das Glück gar nicht zu fassen.
Welch ein Tag ist's! Gott zum Gruß!

In Erwartung des Frühlings

Heut hab ich einen Starenkasten
an unserm Birnbaum aufgehängt,
des Winters Not, das lange Fasten
durch eigne Tat hinfortgedrängt.

Es darf nicht nur beim Hoffen bleiben,
man muß auch handeln dann und wann.
Still warten hinter Fensterscheiben,
das rührt den Frühling wenig an.

Nun weiß ich, daß die Stare fliegen
bald ums gemachte Nest.
Und wenn sie auch noch Junge kriegen,
dann feiern wir das Frühlingsfest.

Fastnacht

In eine andre Haut zu schlüpfen,
das tut doch jedem einmal gut:
nicht nur den Kindern, die gern hüpfen,
nein - jedem steht sein bunter Hut.

Es steht dir frei, dich zu verspotten
wie auch die andern obendrein.
Schafft doch das Tauschen von Klamotten
schon durch Verwandlung Fröhlichsein.

Nur heute bist du nicht der gleiche,
der du an jedem Tag sein mußt.
Du wechselst munter die Bereiche
und bist dir keiner Schuld bewußt,

bist keinem Amt zu dienen pflichtig,
du warst noch nie so gut gelaunt.
Siehst dich als Krösus an statt nichtig
und wirst entsprechend angestaunt.

Du liegst ja heute nicht in Ketten,
aus deinem Käfig kommst du frei.
Doch wenn wir immer Fastnacht hätten,
dann wär' vielleicht kein Spaß dabei.

Denn in so manchen unsrer Sachen,
wo wir so tun, als wär'n wir blind,
da ist es nötig, Ernst zu machen,
wenn wir erst wieder nüchtern sind.

Untrügliche Anzeichen

Deutlich ist es schon zu merken,
daß nun bald der Frühling kommt,
daß es heller wird beim Werken
und bei allem, was uns frommt,

daß es steigt, das Thermometer,
daß es treibt das Grün heraus
und daß stolz die jungen Väter
fahren Kinderwagen aus,

daß die Zwiebeln schon getrieben,
wo der Nachbar streicht den Zaun,
und daß alle, die sich lieben,
sich das plötzlich anvertraun,

daß die Kinder Fangen spielen,
freundlich blickt der Polizist,
daß der Hausputz auf den Dielen
überall im Gange ist,

daß die Weidenkätzchen blühen
und daß alle Frauen klagen:
„Ach, ich hab' nichts anzuziehen!"
und schon Frühjahrsmäntel tragen,

daß die Vögel Nester bauen,
eifrig zwitschern früh um sieben:
Neu ist alles anzuschauen,
nichts mehr braucht dich zu betrüben.
Sieh dich um! Du darfst dich trauen,
dieses Leben neu zu lieben!

Erster Frühlingstag

Ich geh' so gern zu alten Bäumen.
Wo ich sie grünend finden mag,
erweckt den Park aus seinen Träumen
der allererste Frühlingstag.

Ich geh' so gern zu alten Bänken
und sitze dort für mich allein
und kann mir oftmals gar nicht denken:
Schon wieder soll ein Frühling sein?

Ich geh' so gern auf alten Wegen,
wenn's wärmer wird und nicht mehr schneit.
Weshalb noch immer Zweifel hegen?
Ich mach' mich gern nochmal bereit.

März-Gedanken

Den Frühling werde ich bitten,
dich aus dem Hause der Trübsal zu locken,
hin zu den grünenden Hügeln der Hoffnung,
hin zu den Gärten, in denen die Wunder erwachen,
die noch soeben im Winterschlaf träumten.

Die Kräfte der Sonne
mögen es bald schon bewirken,
hinwegzuschmelzen aus deinen Gedanken
der Einsamkeit Eis,
um alle die Spuren zu tilgen,
welche die Trauer und die Enttäuschung
in deinem Winterherzen hinterlassen haben.

Die sich erhellenden Tage
mögen dir helfen,
dir deine Angst zu verscheuchen
vor den einst so bedrohlichen Nächten,
die doch schon jetzt immer kürzer und kürzer werden.

Bitten werde ich auch die Berge,
dir vom glitzernden Gipfelglück zu erzählen
und das Erlebnis des Frühlings dir zu verheißen.

Die grünenden Fluren mögen dein Auge erfrischen
und die Lieder der Vögel dein Ohr erreichen,
um dich einzubeziehen
in den jubelnden Neubeginn aller Natur.

Vom Geheimnis der Schöpfung

Alles, was atmet, lebt von der Kraft,
welche der Knospe Entfaltung verschafft
und dem Vogel das Nest schützt im Baume.
Selbst der Sterne still kreisende Wanderschaft
hält ein geheimes Gesetz fest im Zaume.

Rätselvoll bleibt das Allmächtige, Weise,
das – nirgendwo sichtbar – behutsam und leise
Ordnung gebietet im Apfelgehäuse
wie auch im Großen und Fernen,
das zu ergründen wir niemals erlernen.

Das Verlangen nach Wahrheit führt uns im Kreis,
denn das Wesen des Göttlichen bleibt uns verschlossen.
Es gibt uns sein großes Geheimnis nicht preis,
sucht auch des Menschen Gehirn unverdrossen
für sich und die Welt den Beweis.

Geheimnis der Schöpfung, auf ewig im Bund
mit der Vielfalt von Wachsen und Werden,
im Aufgang der Sonne tut es sich kund
und im sprudelnden Quell aus der Erden.
Im Lächeln der Frauen umspielt es den Mund.

Im Tautropfen glänzt es am frühesten Morgen,
der Ginsterbusch birgt es an leuchtendem Ort.
Im Rauschen des Brunnens hält sich's verborgen,
scheucht es die Menschheit nicht frevelnd hinfort.
Auf den Lippen der Liebenden formt es
das zärtlichste Wort.

Vom Geheimnis des Lebens berührt und entzückt,
ins Geheimnis des Todes entführt und verstrickt
in die Schuld, in die Lust, das Begehren,
in die Träume, deren Erfüllung mißglückt,
in die Nächte, die leidvollen, schweren,

sehnt sich der Mensch, daß zum Trost es verbliebe
dort, wo es gnädig sich offenbart
als Geheimnis des Glücks und der Liebe:
in der eigenen Brust wohl verwahrt.

Auferstehung

Schon waschen die Bäche den träumenden Wiesen
den Winterschlaf aus den Augen.
Und die munter gewordenen Weiden-Riesen,
die sich als erste grünleuchtend gewanden,
haben ganz plötzlich verstanden,
daß sie nicht länger zur Trauer taugen.

Keimend setzt sich die mutige Erde
gegen den Winter zur Wehr.
Die Schöpfung vernimmt ein erneutes „Es werde"!
Überall jubelnde Wiederkehr.

Tage der Freude, Tage des Lichts.
Niemanden sättigt das Brot des Verzichts.
Nun, da der Winter sich anschickt zu gehn,
Hoffnungen sprießen im schwellenden Grün,
liebendes Herz, sei auch du wieder kühn,
wage es, laß an dir selber geschehn
gläubigen Sinnes das Auferstehn!

Kirschblüte

Komm, laß dir zeigen: Der Kirschbaum blüht
weiß überm schwarzen Geäst!
Zwischen Himmel und Erde ein Wunder geschieht,
das sich schöner nicht denken läßt.

Sieh nur nach draußen: Der Kirschbaum blüht!
Schwankend im Wind das schneeweiße Gerank,
welches zu dir durch das Fenster sieht,
auch wenn du drinnen liegst, traurig und krank.

Schau, wie im Garten der Kirschbaum blüht!
Und ein Vogel sitzt ganz obenauf.
Wart' nur, bald singt er sein Frühlingslied.
Freu dich, ach, freu dich darauf!

Wenn dir am Wege ein Kirschbaum blüht,
wo immer auf Erden es sei:
Was sich vor deinen Augen vollzieht,
ist Erschaffung der Welt – täglich neu.

Die Welt ist voll Geborgensein

Es gibt kein Ding auf dieser Welt,
das nicht ein Teil von einem andern wäre.
So wunderbar ist es bestellt,
daß jedes Korn fest eingefügt ist
in den Schutz der Ähre.

Und jedes Blatt grünt nur als Teil
vom weitverzweigten Baum.
Von ihm gelöst, welkt es dahin.
Gilt ein Gesetz im Erdenraum:
Nur aus Ergänzung bildet sich der Sinn.

Des Vogels Freiheit,
eingeordnet in die Gattung Tier:
Ein Kleineres gehört zum größeren Verband.
Und voll Verlangen ausgestreckt ist meine Hand
ein Teil von unsrer Sehnsucht nach dem Wir.

Der Frühlingswind weht
als gezähmter Teil vom Sturm.
Und jeder Schmerz
ist nur ein wenig von dem großen Leide.
Ein Teil vom Schöpfungswunder
ist der kleinste Wurm –
und jedes Lächeln,
ausgeteilt vom vollen Maß der Freude.

Schäumt doch die Welle nur als Teil
vom wildbewegten Meer,
gespeist von seiner tiefen, dunklen Leidenschaft,
und tobt der Sturm im Land umher,
wirkt er als Abgesandter einer stärkeren Macht.

Sogar die Erde selbst ist Teil
von einem größren Weltenall.
Und jede Zeit
ist nur ein kleiner Teil der Ewigkeit.
So ist ein Teilen wahrhaft überall,
ist ein Sich-Angehören weit und breit.

Auch Menschenseelen
sind mit ihrer Angst nie ganz allein.
Es gibt kein Ausgestoßensein zum Spott:
Die Welt ist voll Geborgensein,
und alle Liebe ist ein Teil von Gott.

Kostbare Tage

Aufbruch des Frühlings, von Amseln verheißen:
erlösender Morgen aus nächtlichem Grau!
Rings durch des Schwalbenflugs Schwirren und Kreisen,
durch silbernes Gleißen auf Streifen von Blau
will mir der Himmel die Gnade erweisen,
daß ich von neuem ihm wieder vertrau.

Sanftes Erwachen aus angstvollen Träumen
befähigt die Hoffnung,
die Flamme des Lebens mir neu zu entfachen,
läßt mich voll Staunen im stillen begrüßen
den Tau auf den Bäumen,
die Erde zu Füßen, die grünende Au.

Die Gärten des Frühlings mit Blüten zu säumen,
eröffnet Natur ihre festliche Schau.
Inmitten des Daseins lebendiger Freude
bin ich – o Wunder! – noch immer dabei:
dankbar für jedes geschenkte Heute,
das mir ertönt aus des Frühlings Schalmei.

An die Mutter

Nun bist du schon so lange tot,
zogst dich zurück auf die bescheidene Manier.
Du hattest deine liebe Not
und rechte Mühe oft mit mir.

Noch jetzt ist mir verwunderlich:
Wie brachtest du mich groß?
Du warst ganz einfach mütterlich –
und alles kam aus deinem Schoß:

die Sorge, die sich um mich kehrte,
das Streicheln über meinen braunen Schopf,
die Mahnung, die mich treu belehrte,
die Stärkung auf dem Herd im Topf,

der Ansporn für das Intellektuelle
und auch einmal ein Rippenstoß.
So warst du überall zur Stelle –
und deine Liebe grenzenlos.

Sprache der Zärtlichkeit

Am Anfang deines Lebens steht die Zärtlichkeit.
Vom Licht der Welt, in das du kaum geblickt,
seit deiner Ankunft
hier im Erdenraum noch halb geblendet,
spürst du sie sanft und unbewußt,
die erste Erdenlust,
wenn sich ein Mensch, von deinem Dasein tief entzückt,
zu deiner Wiege niederbückt
und seine Zärtlichkeit an dich verschwendet.
Wenn eine große, starke, weiche Hand,
von deiner Wißbegier
noch kaum in ihrer Macht erkannt,
sich recht behutsam um die deine legt,
die sich, in ihrer Winzigkeit zur Faust geballt,
noch ungeübt und zaghaft hin und her bewegt,
da ahnst du's schon: Du wirst geliebt.

Am Ende deines Lebens steht die Zärtlichkeit.
Nach all der Last der Jahre
geschieht das Wunderbare wortlos und inniglich
noch einmal ganz allein für dich.
Nachdem vergeblich um dich weit und breit
sich Menschenkunst bemühte,
versöhnt zuletzt doch Menschengüte
dich mit dem großen Maß von Leid,
wenn einer tröstend deine Hand ergreift,
die, welk geworden und unendlich müde,
nur der Erlösung noch entgegenreift.

Am Anfang war, am Ende bleibt
die leise Sprache Zärtlichkeit.
Noch lange vor dem ersten Wort verstehst du sie,
führst du sie fort, beschenkt sie dich, gibt dir Geleit
und sorgt zum Schluß, daß nichts verdorrt.
Du bleibst in diese Sprache eingebettet
für deine kleine Spanne Zeit,
gibst weiter, was dich selbst errettet,
verschenkst empfangne Zärtlichkeit.

Im Juni

Holunderbüsche blühen sehn
an einem Bahndamm
junischön in Franken!
Da bleib ich still
und wunschlos stehn
und winke fröhlich
hinter Schranken.
Laß andre südwärts weiterziehn.
Ach, mir genügt's, für Weiß und Grün
an meinem Weg zu danken.

Erdentage

Tage, die Geschenken gleichen
aus den Händen eines gütigen Geschicks,
die uns glauben lassen im Verstreichen
an das Glück des Augenblicks.

Tage, die uns näherbringen
unsrem Ziel im fernen Licht
oder die uns niederzwingen
durch ihr finsteres Gesicht.

Tage, ganz aus Gold gesponnen,
wir besaßen sie als Kind.
Später sind sie uns zerronnen,
rätselhaft wie Sand im Wind.

Tage, nach dem Stundenmaß gemessen,
oft zu spät uns recht bewußt.
Selbst die Liebe taucht in das Vergessen,
wenn sie diente nur der Lust.

Tage, endlos und voll tiefer Trauer,
die den Krug des Leidens füllt.
Dennoch kurz und nicht von Dauer –
Trost, der alle Tränen stillt.

Leben sucht sich zu verströmen,
wie die Rose es vermag
als das Sinnbild alles Schönen,
krönend unsren Erdentag.

Huldigung an den Sommer

Ihr Tage des Sommers seid ohnegleichen!
Spannt eure Flügel wie Vögel im Licht
als jubelnde Boten im Sonnenzeichen,
laßt Lebenslust sprühen aus jedem Gesicht.

Verweht sind der Veilchen bescheidene Spuren.
Vom Mohnblumenfeuer erfaßt glüht die Welt.
Im rötlichen Schimmer versinken die Fluren,
die Sonne bleibt Sieger als strahlender Held.

Und die Vögel so munter in ihrem Gesang,
und die Mädchen so fröhlich im Überschwang.
Auf dem Feld reift das Korn für das tägliche Brot.
Und der Mensch vergißt seinen eigenen Tod.

Die Lichter des Lebens beherrschen dein Reich,
o mächtiger Sommer, Bewegung und Ruhe zugleich.
Und keiner braucht nur von der Hoffnung zu leben.
Die Zeit ist befähigt, Erfüllung zu geben.

Und alles drängt vorwärts, und nichts fällt zurück,
und überall dieses leise Beben vor Glück.
Ihr Tage des Sommers seid ohnegleichen!
Die Freude am Dasein, ihr laßt sie erreichen!

Wandlungen

Jahr um Jahr kehr ich ans Meer zurück,
ans vielgeliebte,
zum scheinbar ewig gleichen Bild,
und grüße Altvertrautes:
Sturm, Wellen, Strand und Wind.
Der Sand, der leuchtend gelbe,
der Himmel, weiß und blau:
wie stets. – Und doch nicht mehr dasselbe,
wohin ich ringsum schau.
Das Meer hat sich gewandelt,
die Wellen ausgetauscht,
die Wogen umgegraben,
und neues Wasser rauscht.
Der Sand ist umgetrieben. –
Was wundert's mich so sehr?
Bin *ich* denn gleichgeblieben?
Bringt jede Wiederkehr
nicht auch mich selbst von drüben
als einen andren her?

Stille Stunde am Meer

Vielleicht wird sie uns in Erinnerung bleiben,
diese Abendstille am Meer,
die uns behutsam befiehlt, in den Wind zu schreiben,
was uns bedrückt macht und schwer.

Vielleicht wird sie uns in Erinnerung bleiben,
diese endlose Weite am Strand,
die unser Auge sich einzuverleiben
vergeblich bemüht ist, den Blick weit gespannt.

Vielleicht wird sie uns in Erinnerung bleiben,
die kleine Brise, das flüsternde Raunen
dieser uns leise entschwebenden Stunde am Meer,
die uns das Stillesein lehrt und das Staunen
über das Leuchten vom Wasser her.

Sommerliches Bild

Nach Jahren wieder geh' ich ihn allein,
vertrauten Weg, von dem ich oft erzähle.
Wie damals führt er querfeldein,
der Maulwurf hat dort seine Höhle.

Ein wild gewachsner, krummer Baum,
der seine alt gewordnen Zweige,
sich neigend hin zum Waldessaum,
in Frieden ruhen läßt,
beherbergt ein verlassnes Vogelnest.

Und einer Glockenblume blaue Zauberei,
an seinem Rande hingetupft,
fast bilderbuchgetreu,
markiert den Weg der alten Märchenmuhme,
von keiner Kinderhand noch ausgerupft.

In jeden Zwischenraum von Wurzel und Gestein
an diesem hellen Sommermorgen
fügt sich der Fuß wie altgewohnt hinein,
in freier Luft und dennoch wohlgeborgen.

Ganz unverblaßt, dies Sommerbild,
auf eine Leinwand möcht' ich's bannen:
die Sehnsucht, die noch immer gilt,
in der sich Kindheitsträume, ungestillt,
so weit ins Einst zurückbesannen.

Wolkenzug

Könnt' ich mit den Wolken reisen
heimlich fort bei günstgem Wind,
wollt' ich die Gefährten preisen,
Wandernde, mir gleichgesinnt.

Sie, die keine Fragen stellen,
werden auch kein Ziel mir weisen,
meine Freunde, als Gesellen
mich nur still willkommen heißen,

mich nicht lieben und nicht hassen,
mich nur einfach treiben lassen,
nichts begehrend, freien Stücks
in der reinen Luft des Glücks.

Tage des Abschieds

Auf der Windorgel sang
sich das Meer einst ein Lied,
zu besänftigen stürmende Wellen,
wie das heute noch Abend für Abend geschieht,
wenn sie sanft an der Mole zerschellen.

Das Seeschwalbenpaar und der Kiebitz im Rohr,
am Strand die unendlichen Weiten,
der Himmel, die Sonne, die Wolken davor:
Dies Bild laß dir niemals entgleiten!

Bewahr dir das Rauschen des Meeres im Ohr
und auch das Gespür für Gezeiten!
Vergiß nicht, daß hier deine Angst sich verlor,
sich deine Gedanken befreiten!

Und die Tage, sie bleiben noch lange jung.
Sie treiben zum Schluß wie die Wogen
am Abend ins Meer der Erinnerung
und spannen dort weit ihren Bogen.

Goldener Oktober

Es ist, als treibe die Lust am Sterben
ihr Spiel der Verführung im Purpurgewand.
Nach den süßesten Tagen pflückt sie die herben
dem Jahreslauf aus der Hand.

Es ist, als lösche ein heftiges Feuer,
ein leuchtendes, alles aus,
was dem strohgelben Sommer war lieb und teuer:
So lodern die Farben ums Haus.

Obgleich dieser Abschied längst festgeschrieben
steht im Gesetz der sich wandelnden Zeit,
fragst du, beharrlich noch mitten im Lieben,
nicht nach der Vergänglichkeit.

Du tanzt noch so gerne den Reigen,
du tauschst noch so gerne den Kuß –
anstatt vor dem Willen zu schweigen,
dem Blatt um Blatt beugen sich muß.

Dauer im Wechsel

Wirf nur die Flinte nicht zu früh ins Korn,
der Tag kann sich noch ändern!
Zurückgesetztes kehrt nach vorn,
geschmückt mit Siegesbändern.

Was gestern laut und wichtig schien,
hält heute schweigend inne.
Was als Verlust war abzuziehn,
wird morgen zum Gewinne.

Wenn dir ein Unrecht ist geschehn,
so zieh nicht gleich den Degen!
Es wird das Blatt sich wieder drehn
und auch der Wind sich legen.

Wie schafft die Zeit den Wandel nur,
wie kann sie Wunden heilen?
Sie bleibt dem Wechsel auf der Spur
und hält nichts vom Verweilen.

Sich ihr zu fügen, scheint mir klug,
zu achten die natürlichen Gesetze.
Bleib du nur ruhig hinterm Pflug!
Verwandeln wird in reiche Schätze

auch dir die Zeit einst Müh' und Fleiß.
So wird sie dir zum Segen.
Der Jahreslauf schließt sich zum Kreis
doch nur durch Fortbewegen.

Regentag

Aus silbergrauer Himmels-Schale
tropft es herab,
als regne es Opale,
die bläulich schimmernd
auf den Schieferdächern liegen
und sich zu einer leuchtenden Spirale
aus Spiegelglanz zusammenfügen.
Und überall,
wo sich die Tropfen innig angehangen,
an Fenstergittern, zwischen Eisenstangen,
verweilen sie mit leisem Zittern,
bis dann ein Wind sie zu erschüttern
vermag und sanft ins Erdreich sie hinabgelangen.
Wer traurig ist,
dem möcht' ich dieses Wunder zeigen,
damit er sich dran freuen mag.
Und selber soll er dann entscheiden,
ob nicht auch schön sein kann
ein Regentag.

Spätherbst am Schliersee

Schläfrig blickt der Berg ins Tal.
Bald wird Nebel fallen.
Muß nur noch das Jagdsignal
in der Ferne leis verhallen.

Muß nur noch das letzte Lied
späten Vogels erst verstummen.
Wenn es still wird überm Ried,
mag nur noch der Ofen brummen.

Bald wird sich kein Blatt mehr regen,
auf dem See wird's einsam sein,
wird kein Schiff sich mehr bewegen,
und der Bootsmann steht allein.

Segel schlafen festgebunden,
innehält des Ruders Schwung.
Einzig die Erinnerung
hat sich noch nicht abgefunden

mit dem wechselvollen Sein.
Von dem kurzen Maß der Stunden
träumt sie in den Tag hinein.

Allerseelen

Lichter wollen wir euch
auf die Gräber stellen,
ihr toten Freunde
in eurer fernen Welt.
Und wissen doch nicht,
sind es die Lebenden,
welche verweilen im Hellen,
oder die Toten,
nahe den ewigen Quellen.
Wo ist der Ort, da der Schatten fällt?
Wir brauchen die Frage nicht wirklich zu stellen,
wenn nur die Liebe für immer das Licht
fest in den Händen hält.

Tage der Trauer

Wie läßt sich Gram nur überwinden,
wie kann man fröhlich sein mit sich allein?
Wann hilft die Zeit, sich abzufinden
und aufzurichten sich zu neuem Sein?

Der Kummer läßt sich nicht vertreiben.
Ich will die Sonne bitten, wenn sie es vermag,
doch lieber hinterm Berg zu bleiben,
statt sinnlos zu erhellen Tag um Tag.

Ich möcht' mich von der Welt entbinden
und gehen dürfen, wohin *du*
gegangen bist, um dich zu finden.
Nur *deinem* Weg füg ich den meinen noch hinzu.

Die Schale, voll von stillen Tränen,
soll das Gefäß der Liebe sein.
Am Ende bleibt uns nur das Sehnen,
ins Ewige uns einzureihn.

Gib mir die Stärke, Herr, des Weidenbaums,
der mit gesenktem Ast
und dennoch grünend trägt
inmitten seines Lebensraums
des Bleibens Last.

Gib uns das Licht

Gib uns, o Herr, unser tägliches Licht,
schenke uns von deiner Helligkeit,
weil es uns nicht nur an Brot gebricht,
sondern an Tröstung in unserer Zeit.

Gib uns das Licht,
durch welches wir hell unsre Tage empfinden.
Gib uns das Licht,
damit wir vom Traum in die Wirklichkeit finden.

Gib uns das Licht,
damit wir den Weg nicht verfehlen,
wo er sich scheinbar verläuft und verzweigt.
Laß uns ganz still sein und Lichtsterne zählen,
wenn sich der Himmel nachts über uns neigt.

Laß uns am Morgen zur Zeit des Erhebens
gnädig ein Wunder geschehn,
gib uns das tägliche Licht unsres Lebens:
die Freude, die Sonne zu sehn, wenn sie steigt.

Vier Kerzen

Eine Kerze für den Frieden,
die wir brauchen,
weil der Streit nicht ruht.

Für den Tag voll Traurigkeiten
eine Kerze für den Mut.

Eine Kerze für die Hoffnung
gegen Angst und Herzensnot,
wenn Verzagtsein unsren Glauben
heimlich zu erschüttern droht.

Eine Kerze, die noch bliebe
als die wichtigste der Welt:
eine Kerze für die Liebe,
voller Demut aufgestellt,

daß ihr Leuchten den Verirrten
für den Rückweg ja nicht fehlt,
weil am Ende nur die Liebe
für den Menschen wirklich zählt.

Vom Segen des Lichts

Ohne das Licht
müßte das Weizenkorn tief in der Erde verbleiben.
Ohne das Licht könnten die Dichter
die Lieder der Freude nicht schreiben.
Ohne das Licht würden die Tauben nicht fliegen,
könnte der Morgen nicht siegen
über den Schatten der Nacht.

Ohne das Licht könnte der Glanz sich nicht spiegeln
im Herbst auf der Frucht des Kastanienbaums,
könnte des Tages Erwachen nicht zügeln
die Macht des gespenstischen Traums.

Ohne das Licht könnte der schönste Brillant
niemals sein Feuer entfalten,
ohne das Licht wüßte ich nicht,
daß deine Augen die Farbe des Himmels enthalten.

Ohne das Licht könnte ich nicht
die Form und Gestalt einer Rose erkennen
in all ihrer Pracht.
Ohne das Licht wüßte ich nicht
die Städte, die Länder, die Meere zu nennen,
die mir die Erde zur Heimat gemacht.

Ohne das Licht
würde den Malern ihr Werk nicht gelingen,
wie es nur Helligkeit schafft,
hätten die Vögel die Lust nicht, zu singen,
fehlte der Schöpfung die treibende Kraft.

Ohne das Licht wären die Nebelschleier viel grauer.
Nur durch das Licht
trägt nicht des Menschen Gesicht ewige Trauer,
sondern bleibt heiter, gelassen.
Nur durch das Licht
läßt sich die Fülle des Lebens erfassen.

Im Schein der Kerzen

Die Hoffnung steckt die Kerzen auf
die immergrünen Zweige.
Vielleicht fällt Schnee des Nachts darauf.
Das Jahr geht still zur Neige.

Und jedem, der alleine wacht
in dieser Nacht der Weihe,
sei durch die Kerzen Mut gemacht,
daß er aus Ängsten sich befreie,

damit auch ihm und seinem Teil
ein Strahl des Lichts beschert sein möge
vom wundersamen Weihnachts-Heil,
als ob ein Engel zu ihm flöge.

Zum Advent

Laßt uns nicht nur Kränze binden,
aufgeputzt zu äußerlicher Pracht,
laßt uns zueinander finden,
so wie einst das Fest gedacht.

Laßt uns nicht nur Lieder singen
zur Musik, die laut ertönt,
Frieden lasset in uns dringen,
welcher Freund und Feind versöhnt.

Laßt uns nicht nur Sterne schneiden,
goldgezackt, aus Glanzpapier,
lieber jenen Weg beschreiten
fort vom Ich und hin zum Wir.

Laßt uns nicht beim Licht-Anzünden
nur bewundern Glanz und Schein,
laßt uns endlich wieder ganz
in der Liebe sein!

Jahresschluß

Diese schönen stillen Tage
werden uns zum Schluß geschenkt,
stellen dir und mir die Frage,
wo das Jahr uns hingelenkt.

Waren Freuden dir gewogen,
hat das Glück sich eingestellt,
oder hat der Schein getrogen
wie so oft in dieser Welt?

Bleibt auch noch die Antwort offen,
mußt es trotzdem eingestehn,
daß du's noch ganz gut getroffen
hast bei allem, was geschehn.

Brauchst nicht sonderlich zu klagen,
sag nur lieber Dankeschön.
Galt es, Schweres zu ertragen,
wuchs die Kraft zum Überstehn.

Schönes war dir zugemessen.
Mancher Tag, an Wundern reich,
läßt die Nächte dich vergessen,
schmerz- und sorgenvoll zugleich.

Licht und Freude, Leid und Plage
nimmt die Zeit in ihre Hut.
Mit dem neuen Jahr zutage
tritt auch wieder neuer Mut.

Im Vertrauen

Den wolkenverhangenen Himmel ertrage ich
im Vertrauen auf den Durchbruch der Sonne.

Schenkt doch der Schutz eines Gottes
des Lichts und der Liebe
Sicherheit mir, zu bestellen mein Feld,

daß ich mich kühn und voll Freude
wage ans Werk jeden Morgen
im Vertrauen auf all meine Kräfte.

Über die Zeiten hinweg
halt' ich der Freundschaft die Treue
im Vertrauen auf das gegebene Wort.

Mutig auf Zukunft noch bauend,
singe ich Schlaflieder
leis meinem Kind.

Ich gebe die Hoffnung auf Frieden nicht auf
im Vertrauen auf Menschen,
die guten Willens sind.

Lachend lauf' ich dem Wind
und den Wellen entgegen
im Vertraun auf den Pulsschlag des Lebens.

Ich stelle nicht ständig im Zweifel die Fragen
nach der Vergänglichkeit, nach dem Bestehen.

Ich pflanze Blumen auf Gräber
im Vertraun auf das Werden
nach dem Vergehen.

Silvesterabend

Das alte Jahr,
das in uns überquoll
vom Licht der goldnen Stunden –
und doch der Qualen voll
uns heimgesucht hat und geschunden,
dies alte Jahr, mit lärmenden Gesängen
und Feuern, die den Himmel sprengen,
wird's nun hinausgeleitet
von einer trunknen Schar von Zechern
rund um die Mitternacht.

Und später dann,
wenn über Turm und Dächern
das klare Mondlicht gleitet,
trifft still das neue Jahr uns an,
das hoch auf einem Schimmel reitet
und aus dem alten Maß der Zeit
neu abgezählt die Tage und die Stunden streut.
Es sieht noch fremd, doch tatendurstig aus,
schlägt hier und da schon erste Wunden
und nährt in diesem oder jenem Haus
die alte Hoffnung, zu gesunden.

Zum Jahreswechsel

Träum' nicht zuviel von alten Zeiten,
die dich umgeben schemenhaft.
Du mußt Erlebtes aufbereiten.
Nur so gewinnst du neue Kraft.

Auf Wolkenschiffen hinzuschweifen,
scheint mir am Ende nicht genug.
Wer sich entschließt, die Ruder zu ergreifen,
ein Ziel zu setzen Boot und Bug,

um neue Lebensufer anzusteuern,
dem wird als Lohn für seinen Mut
alsbald sich Herz und Geist erneuern,
wenn frei die Seele in sich selber ruht.

Bekenntnis zum Leben in unserer Welt

Du brauchst dich nicht zu schämen,
wenn dir in unsrer unheilvollen Welt,
an der sie alle Anstoß nehmen,
noch so viel Heilgebliebenes gefällt,

wenn du an ihr, die doch vom Bösen wie behext
und ihm verpflichtet scheint zu schrecklichem Tribut,
noch so viel Schönes jeden Tag entdeckst,
wenn du zu sagen wagst: Die Welt ist gut.

Du brauchst dich nicht zu schämen,
wenn du Gefühle offen zeigst.
Viel besser, du weinst Tränen,
als daß du eisern schweigst.

Du darfst es froh empfinden,
wenn du dich selbst und andre magst,
wenn du gewillt bist, dich zu binden,
und deinen Einsatz mutig wagst.

Laß es nur laut vernehmen,
wenn du die Jahre akzeptierst zum Schluß
und keinen Grund siehst, dich zu grämen,
nur weil man heute jung sein muß.

Du darfst es frei bekennen,
wenn dir das Leben mehr ist als verhaßte Plag',
du darfst dich weise nennen,
wenn du von Dank erfüllt bist jeden Tag.

Du brauchst dich nicht zu schämen,
wenn du nicht klagst, du habest viel versäumt.
Du darfst dich glücklich wähnen:
Du hast gelebt, nicht nur geträumt.

Für leisere Stunden

Gedichte und Gedanken

Mit diesen Texten führt uns Elli Michler ebenso sicher wie behutsam zu den leiseren Stunden des Lebens, den für uns dringend nötigen Atempausen der Seele in einer Zeit voller Hektik, Angst und Unruhe.

2. Aufl., 64 Seiten, 6 Farbfotos, Pappband, ISBN 3-7698-0764-2

Vom Glück des Schenkens

Gedichte über die Kunst des Schenkens für jeden, der anderen den Weg zur Freude an sinnvollem Schenken weisen möchte oder selbst gern dem Glück des Schenkens auf die Spur kommen will.

2. Aufl., 80 Seiten, 6 Farbfotos, Pappband, ISBN 3-7698-0654-9

Erinnerst du dich?

Begegnungen und Erfahrungen

42 Gedichte mit humorvoll-nachdenklicher Lebensweisheit über prägende Begegnungen und Erfahrungen als Kraft zur Bewältigung des Lebens.

64 Seiten, 8 Farbfotos, Pappband, ISBN 3-7698-0739-1

Ich wünsche dir ein frohes Fest

Gedichte und Geschichten
zur Weihnachtszeit

Die einfühlsamen Texte setzen die
Weihnachtsgeschichte in neue, leben-
dige Beziehung zur Gegenwart.
Das Geschenk zur Weihnachtszeit!

2. Aufl., 64 Seiten, 6 Farbfotos,
Pappband, ISBN 3-7698-0786-3

Wie Blätter im Wind

60 kraftvolle, meditative Gedichte,
die Hoffnung und Geborgenheit
vermitteln. Nicht nur für den
Herbst und nicht nur für ältere
Menschen.

3. veränd. Aufl., 68 Seiten, 6 Farbfotos,
Pappband, ISBN 3-7698-0772-3

Die Jahre wie die Wolken gehn

Getrost in den Lebensabend

Humorvolle und doch ernsthafte
Verse in einem frischen Stil. Ein
liebevoller Begleiter und ein wert-
volles Stück Lebenshilfe.

5. Aufl., 80 Seiten, Pappband,
ISBN 3-7698-0572-0